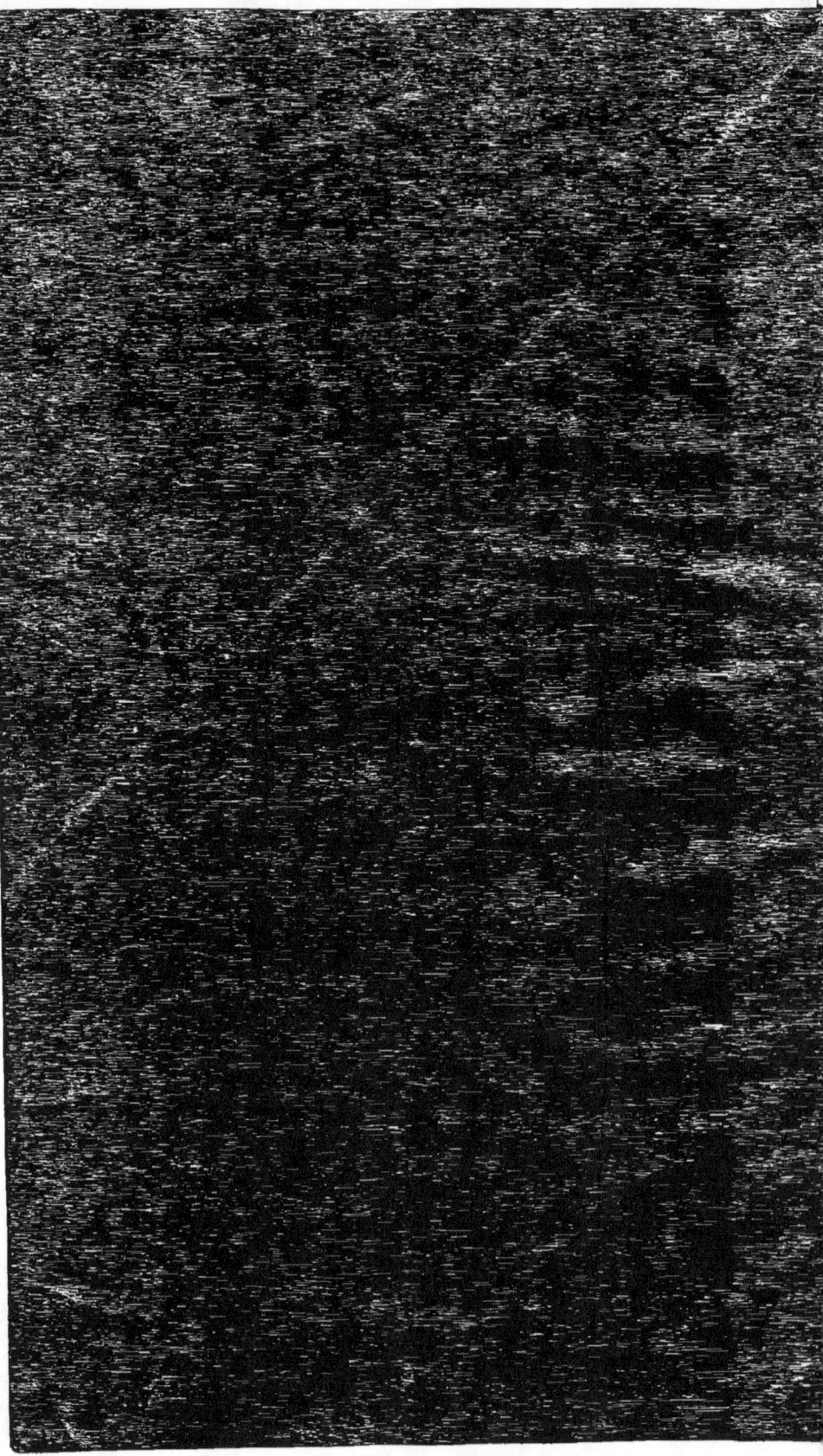

ASTIMA AU 2 DÉCEMBRE 1851

À MONSIEUR LE PRÉSIDENT DE LA RÉPUBLIQUE

Si le grand Tout de la nature a donné aux Astres une lumière propre et collective pour poursuivre leur marche en ordre d'inaltérable harmonie dans la profondeur des mondes, il a aussi placé dans l'esprit humain le flambeau de la divine raison pour que l'homme puisse, sur le chemin de la vie, s'avancer sans blesser ni altérer l'ordre de l'éternelle justice, dans les régions de la vertu.

Ainsi, comme les Astres qui s'avancent entourés d'une double lumière, en sillonnant les espaces, dans l'orbe de l'éternelle splendeur, l'esprit humain, guidé par sa lumière native accrue par celle que de siècles en siècles les temps transmettent à l'humanité, peut se mouvoir et toujours procéder en ces lieux où, comme un soleil lumineux, sur la justice et la vérité, s'élève le grand trône de la vertu !

Cette lumière de raison, qui empêche les hommes comme les nations de tomber dans l'injustice, ne doit être ni obscurcie ni inobservée dans un pays républicain, c'est-à-dire chez une Nation dont le gouvernement a pour principe la vertu ; car, si l'esprit français pouvait continuer sous la République à errer dans l'injustice qui, pour tant de siècles lui fut si funeste sous la monarchie, et que l'on entendit dire : Justice ? Vaine parole ! Justice ? Il n'y en a pas ! O toi qui en as besoin ; plus tu en auras besoin, moins pour toi il y en aura ! Alors, il faudrait reconnaître que la terrible inscription : « *Lasciate ogni speranza o voi che entrate* », serait un rien, car le grand poète italien la grava sur la porte du délit ; tandis que le malheur de la corruption de nos temps inscrivait sur le code des décisions de la République : O toi, dont la vie fut un continuel martyr d'exil et de persécutions, pour avoir contre le crime du 2 décembre 1851, défendu la République et ses lois, et dont la vie entière eut constamment pour asile le temple de la vertu. « Laisse de la Justice, l'espérance ! »

Ah ! mais alors, plus rien de sacré ! L'organisme social serait l'horrible chaîne de l'esclavage ! car, la liberté d'un Etat sans justice, ne sera jamais autre chose qu'une coupable dérision ; un fantastique tournoiement dans le cercle du délit ; une négation de la conscience ; un sinistre aveuglement de la pensée qui affirme et sait que : l'homme le plus libre est celui dont les jugements et les actions sont toujours conformes à l'ordre de la justice ; car, l'injustice est le puissant marteau qui forge, de l'esclavage humain, toutes les chaînes! De sorte, que les hommes comme les nations peuvent, avant que l'histoire les rappelle à la postérité, connaître l'étendue de leur liberté et de leur esclavage à la mesure du juste et de l'injuste, de leurs pensées et de leurs actions.

En honneur de cette vérité, je crois devoir être permis à un vétéran de la liberté qui, obéissant à l'impulsion de la vertu, se meut dans le domaine de la justice, de dire, avec franchise, que je crois que la commission des victimes du 2 Décembre 1851 de la Haute-Garonne n'a nullement agi à mon égard dans sa décision selon la loi d'une saine justice et qu'elle est entrée en plein dans l'injustice en affirmant que je n'ai pris aucune part à la démonstration du 3 décembre 1851, sur la place du Capitole et sur celle de la Préfecture. Je me demande comment elle peut affirmer que je n'y étais pas? Lorsque tout le monde sait qu'avec l'ancien maire Roquelaine, je m'y trouvais au premier rang, avec le peuple de Toulouse, que j'avais appelé à la résistance dans la nuit du 2 au 3 décembre et que tout le monde sait que cet appel à la résistance, je le fis nonobstant la forte opposition qui me fut faite, dans les bureaux du journal l'*Emancipation*, par le parti bourgeois qui, après une vive discussion, se rallia à la motion du rédacteur en chef Janot, consistant à se contenter jusqu'à de plus amples informations sur Paris, c'est-à-dire jusqu'à fait accompli d'une simple protestation écrite, signée par les membres de la réunion et par quelques autres citoyens du parti bourgeois.

Alors, voyant qu'il m'était impossible de faire prévaloir mon opinion sur celle du timide Janot, dont la main n'était pas propre, comme l'était celle de M. Lucet, aujourd'hui sénateur, par lequel je fus énergiquement appuyé, à passer de la plume à l'épée, je déclarai a la réunion que : Tandis qu'ils chercheraient à renverser Bonaparte de la présidence avec de l'encre, moi, en compagnie de mes amis de la *Voix du Peuple*, je chercherai, en soulevant le peuple, de renverser le parjure à coups de pavés. Ce dit, quittant la salle, je me rendis sur la place du Capitole où, après avoir rendu compte de ce qui venait de se passer dans les bureaux de l'*Emancipation*, je convins avec mes amis de passer la nuit à frapper de porte en porte afin d'appeler les républicains à la résistance contre la violation de la Constitution et des lois de la France.

Cet appel eut un plein succès. Le lendemain, sur les 11 heures du matin, je me trouvais à la tête de plus de deux mille hommes, avec lesquels je me dirigeai sur le Capitole en passant par la rue de la Pomme. Je crus, en arrivant devant les bureaux de l'*Emancipation*, devoir entrer avec une partie de ma colonne, dans la cour de ce journal afin de tâcher d'entraîner l'élément vigoureux du parti bourgeois ; dans cette idée, étant entré dans les bureaux de l'*Emancipation*, j'y trouvai les citoyens Mulé, qui était alors ce qu'il n'a jamais cessé d'être depuis, le meilleur républicain de Toulouse, car c'est l'homme de la vertu, Roquelaine, Lucet, Pegot-Ogier, Dubernat, Caseneuve, Vivent, Janot, Duportal, qui alors était un des écrivains les plus intelligents et des plus énergiques dont pût s'enorgueillir la France, Barde et autres, auxquels je dis : Citoyens, le peuple qui est dans la cour et dans la rue de la Pomme vous attend pour vous rendre avec lui au Capitole! Alors l'intrépide Barde déclara qu'ils étaient prêts à nous suivre, et que le citoyen Roquelaine prendrait place à côté de moi pour aller faire son devoir, en compagnie du peuple, sur la place du Capitole. Sur ce, après quelques explications sur le nombre de ma colonne, le citoyen Roquelaine ayant pris place à côté de moi, à la tête du peuple, nous nous dirigeâmes sur le Capitole, duquel je comptais m'emparer par ruse, et je m'en serais emparé si, contrairement à ce que j'avais recommandé, le groupe où se trouvait Roland ne se fût mis à vociférer d'une manière menaçante, ce qui fit que la Garde, les pompiers et les agents de ville, prenant peur, se hâtèrent de fermer la porte du Capitole, de laquelle nous n'étions plus séparés que de quelques pas. A ce malheur, car ça en fut un de bien grand pour nous et pour la République, que cette porte fermée ; désespérant de m'emparer du Capitole, je crus qu'il fallait tenter un coup-de-main sur la Préfecture. Alors, pour mettre à exécution mon idée, Roquelaine et moi nous nous dirigeâmes sur la Préfecture où notre colonne arriva sans bruit ni cris de la sorte, mais malgré cela, il nous fut impossible de pouvoir nous en emparer : la cour en étant occupée militairement.

Ce que voyant, Roquelaine me dit : « Astima, attendez-moi ici, je vais voir auprès de Piétri ce qui se passe et ce que lui, qui s'est toujours dit républicain, compte faire. Et se détachant de la colonne il entra dans la préfecture.

Que se passa-t-il entre cet éminent citoyen, dont le grand patriotisme et l'énergique modération seront toujours dignes de servir de noble exemple à tous les républicains de Toulouse ; car il disait à ceux qui ont : « donnez à vos frères afin d'acquérir par vos généreuses actions la richesse de la vertu ! Et à ceux qui n'ont pas, cherchez de vous enrichir de toutes les qualités qui contribuent à se passer des biens de la terre, afin que vous puissiez devenir les meilleurs et les plus heureux citoyens de la République, et le préfet Piétri ? Je l'ignore : la mort l'ayant enlevé à la République ! Après une assez longue attente, voyant que Roquelaine ne revenait pas, je quittai la place de la Préfecture et je me dirigeai vers la rue Saint-Etienne pour m'engager avec ma colonne dans les rues du centre de Toulouse afin de décider la population, en l'encourageant par notre présence à descendre dans la rue pour défendre, avec nous, les droits de la nation, les lois et la République.

Mais ce fut en vain : dans les rues que nous parcourrions, au lieu du peuple que nous cherchions, partout nous ne trouvions que la force publique qui, contrairement à son devoir de citoyen, au lieu de défendre cette Constitution dont le dépôt sacré était confié à la défense de tous les français, prêtait main-forte à la trahison, au parjure et aux ennemis des lois de la République et de la France.

Ce qui nous força, après avoir été cernés de toutes parts, nous qui n'avions pas d'armes pour pouvoir lutter contre plusieurs régiments, à nous disperser peu à peu, jusqu'à ce que moi-même, harassé de besoin et de fatigue, je fus contraint, à une heure avancée de la nuit, de gagner ma maison. En y arrivant, je trouvai ma femme si folle de douleur, qu'oubliant le danger qui me menaçait, je ne pus m'empêcher d'y passer la nuit et de m'y reposer jusqu'à ce que réveillé au point du jour par une nuée d'agents de police, auxquels ma femme venait d'ouvrir, les prenant pour des amis, je fus arrêté par un commissaire dans mon lit. L'ayant quitté immédiatement, je m'habillais en ayant soin de me tenir souvent le ventre comme si j'eusse eu des colliques, tout en disant au commissaire : qu'il ne m'aurait pas trouvé au lit si je n'avais pas eu une forte colique qui pendant toute la nuit m'avait obligé d'aller à la selle. Le commissaire, en souriant d'un air moqueur de la peur qui, dans sa pensée, devait me l'occasionner, me dit que : lui aussi était échauffé par la fatigue et le manque de sommeil.

Lorsque je fus entièrement habillé, moins mon chapeau, je demandai pardon au commissaire d'avoir à le faire encore attendre pour aller à la garde-robe, où je le priai de me faire accompagner. « Comment donc, M. Astima ? Allez donc ! » Avec cette permission, je fus aux latrines, situées sur le palier de l'étage au-dessus du mien, où tout en les ouvrant, j'ouvris violemment la porte de la chambre de ma belle-mère, d'où, sitôt entré, je me précipitai sur sa terrasse donnant sur la place Saint-Georges, qui, étant remplie par une foule de citoyens et de force publique, retentit, à ma vue, du cri : « Il se sauve ! Il se sauve ! » En effet, de la terrasse passant sur la toiture, je me sauvai, ayant les agents de police à ma poursuite, derrière moi, sur les toits de la rue de la Pomme, décidé à m'y précipiter plutôt que de me laisser reprendre ; ce qu'à chaque instant j'étais pour faire ; lorsque, heureusement, je parvins à un toit séparé d'un toit au-dessous, par une hauteur de quinze à vingt pieds, sur lequel, gagnant ma hauteur en me suspendant au bord de la toiture, je me laissai choir. Pendant que je me dégageais les pieds des tuiles où je m'étais enfoncé en tombant, et que les agents de police me regardaient de la toiture du haut, sans oser sauter sur celle du bas, je m'entends appeler d'une lucarne par une vénérable vieille femme : — « Citoyen Astima ! citoyen Astima ! ils veulent vous arrêter ! Entrez chez moi, je vous sauverai ! » Alors, courant à cette lucarne, j'y entrai ; puis, après avoir remercié cette digne mère de l'homme de m'avoir sauvé, je lui dis qu'il n'y avait pas un moment à perdre, qu'il fallait qu'elle m'accompagnât jusqu'au bas des escaliers, pour que je pusse prendre la rue immédiatement. « Oui, vous avez raison ! Venez ! » dit-elle. Et, ouvrant la porte, elle me conduisit en bas, dans le portique. Là, j'y trouvai le garçon perruquier de Balla, faisant chauffer des fers à friser, qui, en me voyant me dit, : « La police est après vous, mais elle ne réussira pas à arrêter l'Ami du Peuple !... Sauvez-vous par là, et laissez-moi faire. » — « Oui, lui dis-je, je compte sur toi pour dérouter ces misérables ! » (Je pouvais compter sur lui pour les dérouter, car cet Enfant du Peuple, pour l'avoir fait, fut emprisonné.) Et aussitôt après m'avoir donné sa casquette et nous être dit adieu, je partis ; et, prenant par la rue du Fourbastard et différentes rues, je me rendis chez Castex, dans le faubourg Saint-Michel. D'où, après que Castex m'eut donné un burnous, afin de pouvoir me cacher, je fus dans la pépinière à côté du Grand-Rond. De là, à la nuit close, je me rendis, à côté du Jardin-des-Plantes, chez Bordieu, peintre, qui me dit, en me voyant : « Nous parlions de votre arrestation et de votre fuite, qui ont causé une grande sensation à Toulouse ! Nous sommes heureux de vous accueillir. Soyez le bien-venu ! ».

Je reçus l'hospitalité chez le peintre Bordieu jusqu'au 16 décembre. Puis ayant reçu avis qu'une visite domiciliaire devenait probable dans la maison de ce bon citoyen, je me réfugiai de nuit chez Béral, marchand fripier dans la rue Vinaigre. Du 16 décembre 1851 au 15 janvier 1852, je demeurai caché tantôt chez cet ami, tantôt chez mon autre ami Cogne (aujourd'hui pompier.). A cette dernière époque, ayant résolu de me réfugier en Espagne, je partis, caché dans une charrette de marchandises, conduit par Béral et Cogne, pour Saint-Gaudens, où j'arrivai dans la nuit du 17 au 18 janvier 52, chez mon excellent ami Pelleport, qui, après m'avoir courageusement accueilli chez lui, me facilita les moyens de passer en Espagne. A cet effet, après m'avoir procuré pour guide le fils d'un ancien douanier nommé Borde, je partis de Saint-Gaudens, dans la nuit du 19 au 20 janvier 1852, en compagnie de mon guide et de Pelleport, pour la frontière, où nous arrivâmes le matin du 20 à cinq heures. En cet endroit, après avoir embrassé, les larmes aux yeux, mon vieil ami Pelleport, et avoir jeté un dernier regard sur la terre de France, Borde et moi nous commençâmes à gravir une pente escarpée pour gagner le haut de la montagne où se trouve la limite de séparation entre la France et l'Espagne et où nous ne parûmes qu'après plus de six heures d'une périlleuse ascension ; de là, nous descendîmes l'autre versant de cette affreuse montagne où nous faillîmes disparaître au fond des abîmes aux bords desquels nous étions obligés de marcher. Enfin, nous arrivâmes, à la tombée de la nuit du 20 janvier 1852, au premier village espagnol, d'où, après avoir été enregistré comme réfugié du 2 décembre 1851 à la municipalité, je fus dirigé auprès du gouverneur à Viella.

De Viella, je partis avec beaucoup d'autres réfugiés pour Lérida, où, après un voyage de cinq jours à travers les montagnes, nous arrivâmes le 3 février 1852. De cette ville, après avoir été rejoint par ma femme par la route de Barcelone, nous fûmes conduits à Saragosse, où nous arrivâmes le 13 février, et où, quoique le gouvernement espagnol eût d'abord désigné Séville comme résidence définitive pour les réfugiés du coup d'Etat de 1851, nous obtînmes de pouvoir demeurer.

Après avoir demeuré avec ma femme dans la capitale de l'Aragon, du 13 février 1852 jusqu'à la fin de juillet 1856, je partis de Saragosse, muni d'un sauf-conduit pour Barcelone. De ce port de mer, je m'embarquai avec ma femme, le 19 août 1856, pour Gênes, où, étant arrivés le 29 août 1856, nous nous établîmes depuis cette époque jusqu'à l'amnistie générale de 1859.

Avec cette amnistie, croyant que j'aurais pu demeurer en paix sur le sol de France, je rentrai avec ma femme au mois de janvier 1860, à Toulouse, dans l'espoir que nous aurions pu y vivre en travaillant, car je ne me serais jamais attendu à ce qui m'arriva : Comment s'attendre qu'après neuf ans d'exil, j'aurais été reçu par un tas de misérables, dans cette même ville d'où j'avais été obligé de m'expatrier en fuyant en Espagne après le coup d'Etat du 2 Décembre 1851, non comme ayant passé neuf ans avec honneur en exil sur la terre étrangère, mais comme ayant passé neuf ans honteusement à Paris au service du Parjure ?

Ce qui fit que, me devenant impossible de pouvoir séjourner davantage dans une ville où la police de l'Empire me traquait comme un républicain dangereux, et les républicains tels que Godofre, ses amis et autres, comme venant de Paris où, disaient-ils, je venais de passer neuf ans dans la police de l'homme de Décembre;

ce qui fit, dis-je, que je me vis obligé d'abandonner Toulouse où, selon la terrible expression de M. Castelbou qui me plaignait alors et qui me donna cinquante francs pour mon voyage, pour un homme comme moi qui avait fait peur à Toulouse depuis le 23 février 1848 jusqu'au 4 décembre 1851, il ne pouvait y avoir pas même de la paille à espérer !..

Alors, chassé de la capitale de la Haute-Garonne, non comme en 1851, par la force des baïonnettes au service d'un Parjure, mais par la noire morsure de la calomnie, dont la dent déchire le bien pour servir le mal, je me vis contraint, le 14 juin 1860, de quitter Toulouse pour revenir en Italie où, en compagnie de ma femme et d'une orpheline, j'ai demeuré comme professeur aux royales Ecoles techniques de Gênes, du 21 juin 1860 jusqu'au 19 mars 1879.

A cette dernière époque, ayant été obligé, à l'occasion d'un procès scandaleux, afin de ne pas contrevenir aux devoirs que la vertu impose à l'homme d'honneur, de renoncer à ma chaire de professeur, j'ai dû rentrer en France où, après avoir passé dix-huit mois à Paris et autant à Nice, je me trouve avec ma compagne de trente ans d'exil à Toulouse, presque septuagénaire, dans l'abandon, sans ressources et sans savoir où frapper pour obtenir justice contre la commission des Victimes du 2 Décembre de la Haute-Garonne, dont la décision blesse la vérité lorsqu'elle affirme : qu'il n'est pas vrai que j'aie fait partie de la démonstration du 3 Décembre

1851 sur la place du Capitole et sur celle de la Préfecture ; qu'il n'est pas vrai que, le lendemain matin 4 Décembre, j'ai été arrêté à mon domicile sur la place Saint-Georges, n° 10 ; qu'il n'est pas vrai que j'ai su échapper à la police qui venait de m'arrêter ; qu'il n'est pas vrai que j'aie été obligé de me réfugier en Espagne, puis en Italie à la suite du coup d'Etat de Décembre.

Ces choses-là, la Commission n'a pas craint de les affirmer dans une ville où la population sait : que c'est Astima qui était à la tête de la Démonstration du Capitole et de la Préfecture ; que sans Astima, qui dans la nuit du 2 au 3 Décembre appela la population toulousaine à la résistance, la Démonstration du 3 Décembre n'aurait pas eu lieu ; que l'appel de la résistance fut fait par Astima nonobstant la partie timide de la Bourgeoisie qui, ne tenant pas à se compromettre, voulut se contenter d'une simple déclaration de journal; que, pour avoir organisé et fait cette Démonstration, Astima fut accusé par ceux qui savent plus calomnier que résister à la tyrannie, de ne l'avoir faite que pour conduire le peuple à la boucherie ; que si cette Démonstration n'a pas réussi immédiatement à renverser Bonaparte, elle a contribué, avec toutes celles qui ont eu lieu en France, à en assurer la chute; qu'au lieu d'être un vil Agent du Parjure, comme ceux qui sont intéressés à perdre les amis de la vertu dans la République, se sont efforcés par tous les moyens de le faire accroire au Peuple de Toulouse, Astima est une des Victimes du 2 Décembre dont puisse le plus s'honorer le département de la Haute-Garonne

Aussi, nonobstant l'inimitié de ceux qui prétendent qu'on n'est tenu à aucun égard envers un homme qui a fait peur à Toulouse, de 1848 au 4 Décembre 1851, et cela sans que les gens qui affirment ces monstruosités sachent se rendre compte, dans leur haineuse démence, qu'il y a quelque chose de bien autrement à craindre pour une grande ville, que la prétendue exaltation d'idées d'Astima : c'est qu'on y puisse perpétrer en pleine lumière la négation de la justice ! Aussi, dis-je, j'ose espérer qu'il vous plaira à vous qui êtes Président de notre grande République : parce que vous êtes l'homme de la Vertu, d'empêcher qu'on puisse, en outrageant audacieusement la Vérité, dépouiller un vieillard, dont la vie fut toute consacrée à la pratique des devoirs envers la Patrie, le bien et la vertu, de ses droits de victime du 2 Décembre 1851.

Cela, je l'espère d'autant plus que je crois : que si les Français vénèrent le roi Saint-Louis pour avoir été à l'ombre du chêne féodal, le dispensateur de la justice des Grands du monde, les Peuples devront encore plus vénérer le Président de la République Grévy pour avoir été à l'ombre de l'Arbre des libertés populaires, le dispensateur de la justice des Petits de la terre. De plus, je l'espère aussi parce que je sais qu'on ne saurait être républicain sans être convaincu que :

Pour que la dégradation humaine, son cortège de vices, de honte et de malheurs disparaissent de la terre, il faut que le Génie de la République, le front rayonnant de justice, comme un soleil dans les espaces de l'éternelle lumière, éclaire la marche des peuples dans les régions de la Vertu !

Astima, professeur,
Rue Alsace-Lorraine, 25.

TOULOUSE. — IMPRIMERIE PAUL SAVY.

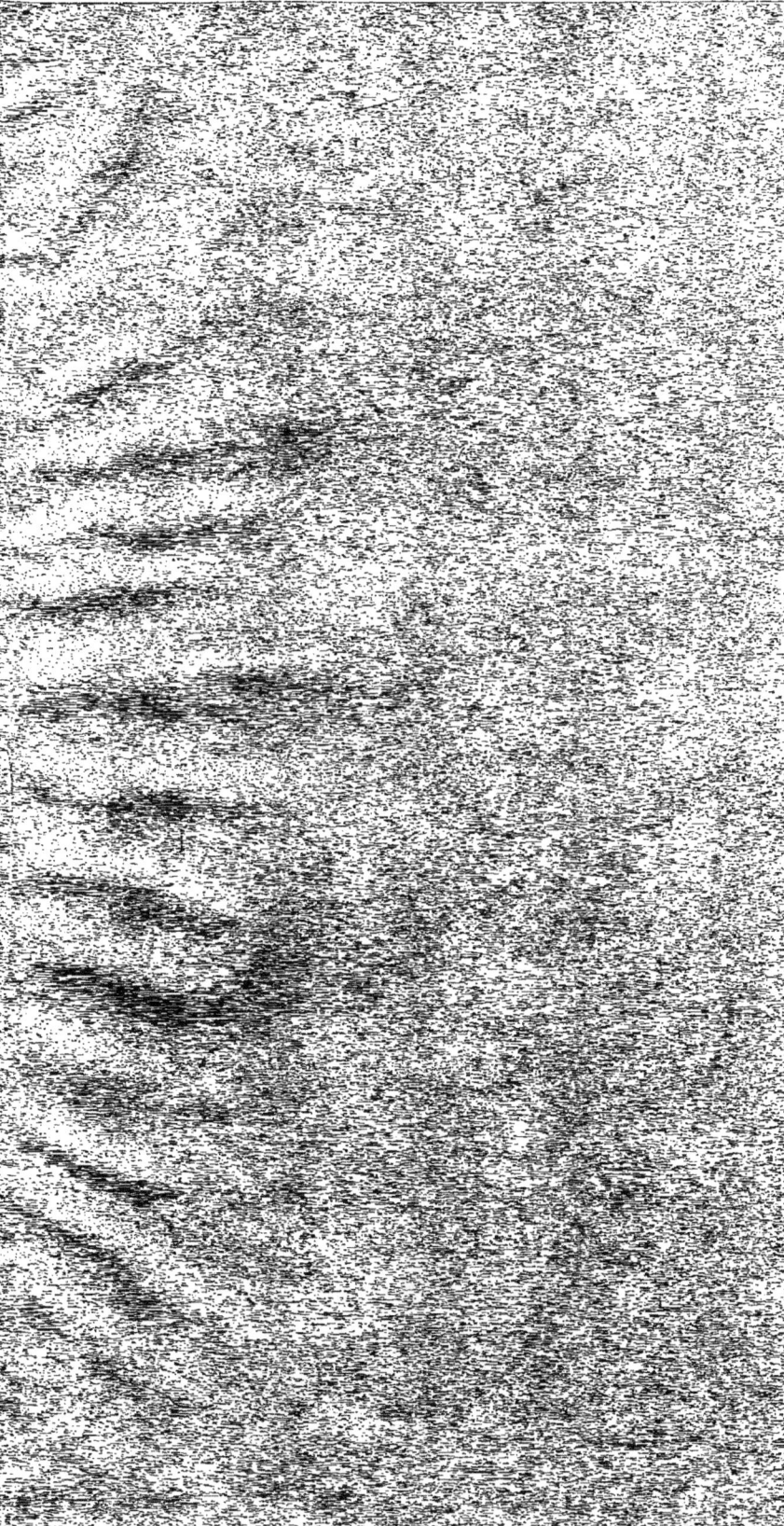

www.ingramcontent.com/pod-product-compliance
Lightning Source LLC
Chambersburg PA
CBHW060621050426
42451CB00012B/2372